中华诵·经典素读教程系列

中华国学课本

ZHONGHUA GUOXUE KEBEN

第六册

张庆华 主编

三年级 ________ 班

姓名 ____________

中 华 书 局

顾　问

舒　悦　　梁结银

主　编

张庆华

副主编

李　纯　　张美如

编　委

张庆华　　李　纯　　张美如　　谭曦文

徐　宏　　廖洪毅　　付晶晶　　郑曼虹

责任编辑

祝安顺

装帧设计

刘　丽　　王喜华

目录

古诗

古文

声律

编者的话

教育部2012年发布的最新修订版《小学语文课程标准》前言写道："语文课程还应通过优秀文化的熏陶感染，提高学生的思想道德修养和审美情趣，使他们逐步形成良好的个性和健全的人格，促进德、智、体、美诸方面的和谐发展。"《标准》还要求小学生背诵160篇优秀诗文。《中华国学课本》的编写，就是希望通过将丰富精深的传统文化内容课时化、情趣化、游戏化，让小学生寓学于玩，从而广泛深入地实践新语文课程标准。编写《中华国学课本》的目标，在于让孩子从道德评价、风俗习惯、交往礼仪、生活常识等方面去感受中华传统文化的独特魅力，使当代小学生能在学习过程中，正视祖国优秀的传统文化，吸取其精华，陶冶完美人格，开发自身的主体智慧，使识字、阅读、记忆、观察、思维、判断、想象、体能、灵感等方面的潜能得到更为科学、更为高效的开发和培养。

一、教材编写

（一）科学借鉴，精选适度

我们在编写教材时，尽可能实现如下目标：内容可读性强、编排线索简明、序列清晰、便于学生诵读和学习。通过对教材教法的研究，我们在"度、量、正、懂"四字上进行了反复斟酌。

1. 度： 要讲求分寸的把握。少儿传统文化学习要做到适当、适度、适宜、适合。课本所编选的诗歌、古文、韵文等，内容贴近儿童的生活，朗朗上口，便于记诵。

2. 量：《中华国学课本》编选内容量的确定是以不增加学生学习负担为前提的。教材每册定位 20 课时，课文 20 篇，其中古诗 6 首，古文 10 篇，韵文 4 篇。一首诗一般最多 56 字，一段短文 50 字左右，韵文如《声律启蒙》节选 80 多字，都在课堂中完成学习，当堂读、背、画完成后，不再布置其他作业。

3. 正：《中华国学课本》课程的教学目标是对少年儿童进行德育与智育，尤其是情感的培养和陶冶，把真善美的东西教给孩子们。

4. 懂：我们是在引导学生初知或粗知的基础上来安排学习、诵读的。具体做法是，让学生初知一点，不深究。在学习过程中，凡是能够让学生开心地学、爽朗地读、创造性地嬉戏的形式，都是可以尝试的。

（二）内容丰富，设计创新

在编写时，我们也注意到了课堂教学的规范性和开放教学的灵活性：低年段内容的选编，多以表现儿童生活内容的篇章为主；中高年段则根据学生的认知能力和接受程度，编选优秀传统文化中有关为人处世、修身养性的篇目。编选时，尽量做到不与其他教科书内容重复。版块设置介绍如下：

1. **诵读**：诵读的方式可以是开放的，多种多样的，节奏读、韵律读、音乐读、相声版、京戏版、夫子版等都可以采用。

2. **注释**：设置注释的目的是帮助学生理解，因此对妨碍理解的字、词进行简洁的注释。

3. **诗意体悟**：本着浅显易懂、浅入浅出的原则，讲解诗文的内容和特色，让学生能基本了解即可，教学时也只是点到为止。

4. **阅读提示**：针对所选课文的内容和特点，进行具体的阅读指导。

5. **创意空间**：本版块的设置体现了体验化教学设计，课堂上师生一起以读、聊、诵、吟、画、玩的形式来进行学习。比如低年段的“我会这样涂涂画画”、中高年段的“诗情画意显身手”（我可以涂画、作诗、写对联）等，就是用读来完成学、用玩来理解意、用涂鸦等独特的创造和嬉戏，来表达和体现各自的情等，真正做到让学生体悟在诗意里，成长在无限的创造活动情趣中，既开发语言功能，又激发想象能力。

6. **汉字寻根和书写练习**：设置本版块，是希望学生通过观察、了解、欣赏、书写汉字，培养其对祖国汉字文化的喜爱之情，通过寻字、赏字、评字、写字，让学生从小养成眼中观字、心中想字、脑中记字、手写好字的优良习惯。“汉字寻根”只在古文部分设置。

7. **国学常识**：国学常识是对课文内容的补充和拓展。每册设置3课，所选均为中国人应知应会的国学常识，提供给学生自学，教师不进行讲解。

二、教学方法，易于操作

通过对教材的编选和教学实践，逐渐形成了系统完整、便于操作的教学模式——五步教学法，具体做法是：

1. **课前游戏学**：依据儿童爱玩的天性，在课前利用1—3分钟，让小组长或学习委员领同学一起吟诵、读唱、编演游戏。

2. **课中趣味学**：一看注释读，二想故事或典故读，三看阅读提示读。一是不加不减字；二是读准字音有韵味。

3. **同学玩读学**：彰显儿童的玩耍嬉戏之趣，让学生用自己喜欢的方式诵读，如节奏明快朗诵版、稚趣横溢相声版、摇头晃脑夫子版、韵律和声吟诵版等。

4. **师生同聊学**：师生同聊的课堂，聊中品读聊出情、聊中戏玩聊出趣、聊中感悟聊出智，让师生在课堂中，都能以轻松自如的状态去表达，去传递，去交流，去碰撞。

5. **诗情画意学**：课本设置有“创意空间”版块，是为了让孩子们更好地进行体验性、参与性学习，让孩子们的想象力自由地驰骋。每上完一课，孩子们心中有情、脑中有画、手中有笔，可以立即把自己的理解和想法都表现出来。

三、目标明确，积少成多

关于《中华国学课本》的使用，我们有如下建议。

一、二年级：每周利用一节正式语文课，上《中华国学课本》一课。另外利用每天的晨读时间逐渐完成《三字经》、《弟子规》、《千字文》、《百家姓》的背诵。

三、四年级：每周用一节正式语文课，上《中华国学课本》一到两课。用每天的晨读时间完成《声律启蒙》、《笠翁对韵》以及《大学》、《论语》节选的背诵。

五、六年级：每周用一节正式语文课，上《中华国学课本》一到两课。用每天的晨读时间完成《中庸》、《诗经》、《论语》、《孝经》、唐诗、宋词的选背。

这样，学生从一年级起至六年级，六年间可积累诵读约 300 多首古诗文和部分整本的经典名著。相信这些优秀篇目的学习，必将提升孩子们儒雅淳静的气质，为孩子们以后的“薄发”奠定比较扎实的基础。

四、家校互动，有效评价

在课程学习中，引入评价环节，提倡师生同评、学生自评、同伴互评、亲子共评，设置针对学生学习、教师教学、班级整体情况的测评表。

一是设计了针对学生的《中华国学课本》学习情况测评表（见附表 1），评分标准采用百分制，具体要求包括：1. 集体诵读展示，所有同学参与；2. 诵读时字正腔圆，声情并茂；3. 诵读形式多样，趣味性强；4. 分组表演中，大方自信，各展所长；5. 对《中华国学课本》的熟悉程度；6. 能进行个性创作，书、画整洁漂亮。

二是设计了针对教师使用的《中华国学课本》教学情况明细表（见附表 2）。

三是设计了针对班级整体的《中华国学课本》班级情况测评表（见附表 3），评分采用“优、良、中”等级制，具体要求为：1. 优：95% 的同学能熟练背诵，节奏感强 ；2. 良：90% 的同学能通背，正确、通顺、流畅；3. 中：80% 的同学能通背，正确、通顺、流畅。

附表 1：

《中华国学课本》学习情况测评表

班　级	诵　读	表　演	创　作	综合得分

附表 2：

《中华国学课本》教学情况明细表

<table>
<tr><td>年级／班级</td><td></td><td>授课老师</td><td></td><td>学生人数</td><td></td></tr>
<tr><td>规定课时</td><td></td><td>已上课时</td><td></td><td>补上课时</td><td></td></tr>
<tr><td rowspan="3">教学完成情况</td><td>学一带一</td><td colspan="4"></td></tr>
<tr><td>涂鸦创作</td><td colspan="4"></td></tr>
<tr><td>师生评价</td><td colspan="4"></td></tr>
<tr><td rowspan="4">抽查效果</td><td>熟练通背人数</td><td colspan="4"></td></tr>
<tr><td>古诗背诵效果</td><td colspan="4"></td></tr>
<tr><td>古文背诵效果</td><td colspan="4"></td></tr>
<tr><td>韵文背诵效果</td><td colspan="4"></td></tr>
<tr><td>教师教学感悟、意见及建议</td><td colspan="5"></td></tr>
</table>

附表 3：

《中华国学课本》班级情况测评表

班级人数情况			诵读效果			创作效果	
班级	应到人	实到人	古诗	古文	韵文	涂鸦	诗、文创作

张庆华

2013 年 3 月

古诗

《采薇》讲被遣戍边的兵士从出征到回家这期间所忍受的思念与寂寞。节选的《木兰诗》表现了豪杰女子替父从军的孝心和豪情。《送郭司仓》——“自古多情伤离别”，目送友人的离开，却不知何时能重逢，那种痛苦怎能用言语表达？《闲居初夏午睡起》、《四时田园杂兴》两首古诗展现了孩童世界里的童真童趣、天真烂漫，似乎只有孩童世界才不会有忧虑和烦恼。《岁暮到家》描述游子长年在外，不能侍奉父母左右，母亲没有丝毫埋怨反而挂念、心疼起儿子，儿子哪还能有苦敢言呢。

1 采 薇（节选）

诗经 · 小雅

采薇采薇，薇亦柔止。
曰归曰归，心亦忧止。
忧心烈烈，载饥载渴。
我戍未定，靡使归聘。
……
昔我往矣，杨柳依依；
今我来思，雨雪霏霏。
行道迟迟，载渴载饥。
我心伤悲，莫知我哀！

注释

① 依依：柳枝随风飘拂的样子。
② 来思：指归来时。思，语尾助词。
③ 雨（yù）雪霏霏（fēi）：雪下得很大。
④ 迟迟：缓慢的样子。

诗意体悟

采摘薇菜，薇菜正柔嫩。一想到回家，心里很忧闷。

当年我离开家乡的时候，青青杨柳随风飘扬；现在我重返家乡，鹅毛般大雪纷纷扬扬。这路多么难走啊，我又冷又饿，心情悲伤，可又有谁知道呢？

《采薇》一共六章，这里选的是第二、六章。诗文写了一个老兵回乡时的感受。要回到阔别已久的家乡本来是一件很高兴的事情，可诗里写的景色“雨雪霏霏”，心情是“我心伤悲”。大概是由于回乡的愿望太久了，一旦成了现实，反而让人悲喜交集吧！朗读时，语气低缓而富有节奏，体现出诗人或喜或悲的心情。

1. 我会和小伙伴一起读、说、背、吟、唱、演。互相评一评。（涂红花朵表示）

同伴评一评：

须努力

2. 书写练习：照样子书写下面的文字。

昔我往矣，杨柳依依；今我来思，雨雪霏霏。

行道迟迟，载渴载饥。我心伤悲，莫知我哀！

 3. 诗情画意显身手。（我可以涂画、作诗、写对联）

2 木兰诗（节选）

北朝民歌

东市买骏马，西市买鞍鞯。
南市买辔头，北市买长鞭。
旦辞爷娘去，暮宿黄河边。
不闻爷娘唤女声，
但闻黄河流水鸣溅溅。
旦辞黄河去，暮至黑山头。
不闻爷娘唤女声，
但闻燕山胡骑鸣啾啾。

注　释

① 鞯（jiān）：马鞍的垫子。
② 溅溅（jiān）：流水的声音。
③ 啾啾（jiū）：马嘶鸣声。

诗意体悟

花木兰就要出征了，她东市买骏马，西市买鞍鞯，南市买辔头，北市买长鞭。是多么的急促紧张，是多么的昂扬士气。她早晨告别爹娘，晚上就宿在了黄河岸边，行军多迅疾，军情多紧张。作为一个少女，离开闺阁，投入战场，能经受严酷战争的考验，真不一般。但她毕竟还是个女子，对家乡、对父母有着剪不断的依恋之情啊！

阅读提示

这里节选的是《木兰诗》第二部分。前四句为排比句式，写木兰要替父从军紧张地购买战马和乘马用具的繁忙情形。读时语速应稍快，体现出木兰从军时的急迫心情。后八句是重复的句式，写木兰踏上征途，行进的神速，军情的紧急，呈现出木兰不同于一般女子的英雄豪气。读时要铿锵有力，表现出对木兰的敬慕之情！

创意空间

1. 我会和小伙伴一起读、说、背、吟、唱、演。互相评一评。（涂红花朵表示）

同伴评一评：  很好  好  须努力

2. 书写练习：照样子书写下面的文字。

东市买骏马，西市买鞍鞯。

南市买辔头，北市买长鞭。

3. **诗情画意显身手。**（我可以涂画、作诗、写对联）

3 送郭司仓

〔唐〕王昌龄

映门淮水绿，
留骑主人心。
明月随良掾，
春潮夜夜深。

注释

① 郭司仓：作者友人。司仓，管理仓库的小官。
② 淮水：淮河。
③ 留骑（jì）：指留客。骑，坐骑。
④ 良掾（yuàn）：好官，指郭司仓。

诗意体悟

碧波荡漾的淮水映照着屋门，我挽留客人的心意十分诚恳。客人没留住，连明月也好像随着他的车骑一同而去，唯有淮水的春潮，夜夜上涨。

阅读提示

这是一首写离别之情的绝句。一、二句写主客的依依惜别之情，第三句立意新颖，含蓄凝练，仿佛客人的离去把月光都带走了，烘托了主人恋恋不舍的心情。“春潮夜夜深”与“映门淮水绿”首尾呼应，用春水来比喻绵绵不断的友情，形象生动。朗读时，要把握语言的韵味，语气舒缓，体现诗人与朋友分别时的伤感与不舍之情。

 1. 我会和小伙伴一起读、说、背、吟、唱、演。互相评一评。（涂红花朵表示）

 同伴评一评：   好 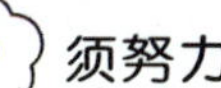

 2. 书写练习：照样子书写下面的文字。

明月随良掾，春潮夜夜深。

 3. 诗情画意显身手。（我可以涂画、作诗、写对联）

4 闲居初夏午睡起

〔宋〕杨万里

松阴一架半弓苔，
偶欲看书又懒开。
戏掬清泉洒蕉叶，
儿童误认雨声来。

注释

① 弓：古时丈量地亩的器具。
② 掬（jū）：双手捧水。

诗意体悟

松阴之下长着半弓的草苔，想看书可又懒得去翻开。百无聊赖中掬起泉水去浇芭蕉，那淅沥水声惊动了正在玩耍的儿童，他们还以为骤然下起雨来。

阅读提示

初夏时节，闲居无事，此时奔竞之心尽消，与自然贴近，情绪得到交流，有一种说不出的满足。诗中以诗人的闲散无聊与儿童的天真烂漫相比较，一个“戏”字，一个“误”字起到相互映衬的作用，情景宛然，含有无穷乐趣。朗读时节奏活泼、明快，饱含生活情趣。

1. 我会和小伙伴一起读、说、背、吟、唱、演。互相评一评。（涂红花朵表示）

同伴评一评：

 很好  好 须努力

2. 书写练习：照样子书写下面的文字。

戏掬清泉洒蕉叶，儿童误认雨声来。

3. 诗情画意显身手。（我可以涂画、作诗、写对联）

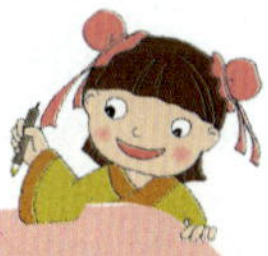

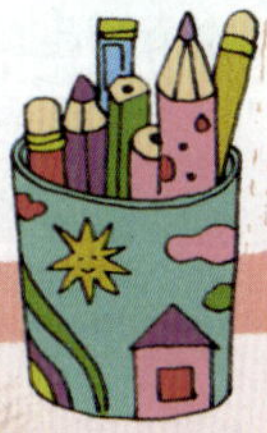

古诗

5 四时田园杂兴

〔宋〕范成大

雨后山家起较迟，
天窗晓色半熹微。
老翁欹枕听莺啭，
童子开门放燕飞。

注 释

① 欹（qī）枕：斜靠在枕头边上。
② 熹微：形容早晨的光线。
③ 老翁：老年男子。

诗意体悟

早晨，从天窗往外看天色仍然朦胧。原来下雨天山里人因为不用下地劳作可以稍晚起床。老翁躺在床上侧耳倾听黄莺鸣唱，小孩却早早起来放飞宿在家中的燕子。

好一处优雅的居所，让人陶醉在一种无拘无束洒脱悠然的情景中。诗中情景交融，一派悠然自得的田园风光。一、二句写出了下雨的清晨，天色昏暗朦胧，再加上人们的晚起，山村显得格外幽美；三、四句，由于黄莺的加入和孩童的早早起床，打破了山村的宁静，又给山村增添了非同往日的闲雅情趣。朗读时可以语气舒缓绵长，让人沉浸其中。

 1. 我会和小伙伴一起读、说、背、吟、唱、演。互相评一评。（涂红花朵表示）

 同伴评一评：   

 2. 书写练习：照样子书写下面的文字。

老翁欹枕听莺啭，童子开门放燕飞。

 3. 诗情画意显身手。（我可以涂画、作诗、写对联）

6 岁暮到家

〔清〕蒋士铨

爱子心无尽，归来喜及辰。
寒衣针线密，家信墨痕新。
见面怜清瘦，呼儿问苦辛。
低徊愧人子，不敢叹风尘。

注释

① 蒋士铨：清代诗人。
② 及辰：及时。
③ 低徊：心绪回旋起伏。

母亲对儿子的爱是无穷无尽的。令人欣喜的是我这次回到家还算及时。身上穿的寒衣，由于母亲缝制特别细密，还很完好。上次写回来的家信，墨迹似乎也还没有干。一见面母亲就心疼我又变瘦了，把我叫到身边问长问短。我心潮起伏，为自己没有尽到为人子的孝心感到惭愧，更不敢叹息在外谋生的辛苦。

这首诗歌颂了母爱的伟大。一、二句从母亲的角度落笔，写母亲日夜思念自己的儿子，看到儿子在年底前回到家中，喜悦之情涌上心头，朗读时节奏要欢快；三、四句写寒衣在身和家信墨新，体现了母子深情。疼儿之语声声在耳，让人心碎，作为儿子怎能忍心在母亲面前为旅途劳顿而发怨言。可谓情真意切，语浅情浓，读时略作深沉。

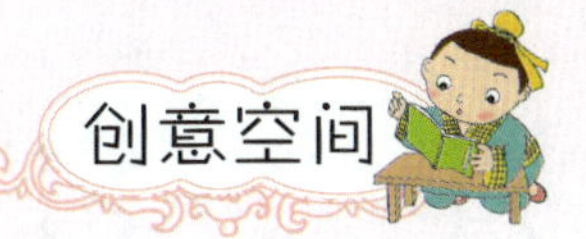

1. 我会和小伙伴一起读、说、背、吟、唱、演。互相评一评。（涂红花朵表示）

同伴评一评：  很好  好  须努力

2. 书写练习：照样子书写下面的文字。

见面怜清瘦，呼儿问苦辛。

低徊愧人子，不敢叹风尘。

3. 诗情画意显身手。（我可以涂画、作诗、写对联）

中国人独有的代号——姓、名

“赵钱孙李、周吴郑王……”你一定已经很熟悉这些语句了吧，宋代一位老儒编了这本《百家姓》，里面收录了数百个中国人常见的姓氏，已经被人们广为传诵。

姓氏作为一种文化现象，它维系着人类之间的血缘。据说在五千多年前，中国就有了姓。只是在遥远的母系社会，人们都无法知道自己的父亲，只知道生育自己的母亲是谁，所以“姓”字是由“女”和“生”组成。这也就告诉我们，最初的姓氏跟母亲有关。

姓氏的来源可谓是千奇百怪，有以自己出生所在地为姓的、以古国名为姓的、以官职为姓的、以封地为姓的，甚至用国家名为姓的，例如“秦”、“赵”、“宋”、“魏”这几个姓氏都来源于国家的名字。

同学们，你们知道吗？最早的时候人们是有姓无名的，见面时便互相点点头打招呼，但是后来人们发现，在伸手不见五指的晚上，不能点头示意，为了方便彼此称呼，人们便渐渐有了属于自己的独一无二的名字。

后来，人们越来越重视会陪伴自己一生的名字，给孩子起名可谓是一件慎重的事情。婴儿满三个月后，父亲便会为他起一个正式的名字，甚至还会有隆重的“命名礼”。

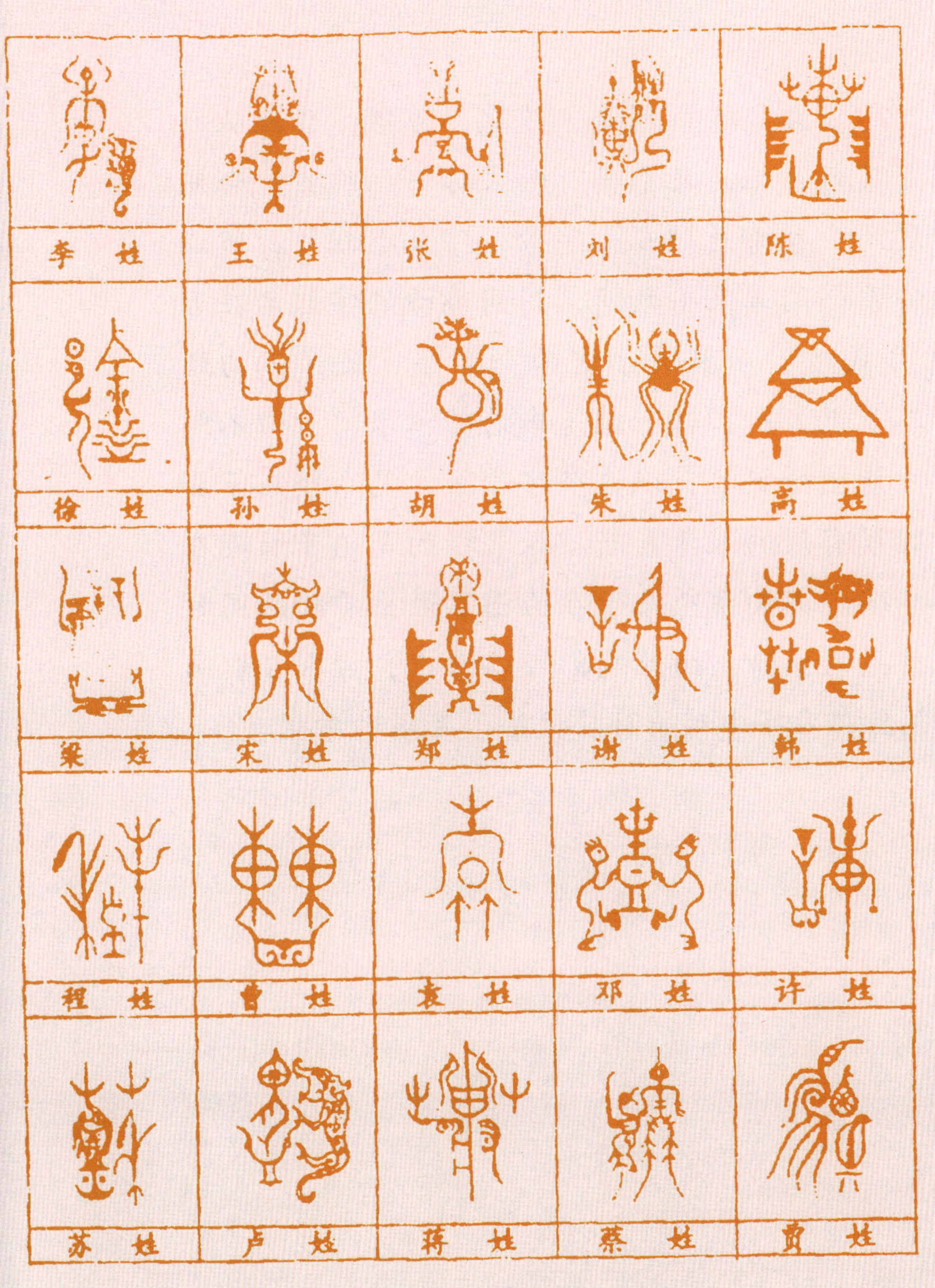

姓氏图腾

我们今天常说的名字，其实古人是分开的。名是长辈、尊者称呼和自称时用的，字则在成年之后才能拥有，与别人交往时使用，以示相互尊重。古人的名和字常常也有着一定的联系，例如大诗人杜甫，他的名“甫”就有“美男子”的意思，而他的字就是“子美”，是不是很有趣呢？

名字是一种文化现象，因此人们在取名的时候会有所顾虑，通常都会注意符合时尚、避开忌讳、区分性别、注重形式、注重谐音等。在历史上，还有许多和取名字有关的趣事呢。

名和字的相应关系

被称为“三苏”的三大文学家苏洵、苏轼、苏辙，你能从他们的名字上猜到谁是父亲，谁是兄弟吗？如果你仔细观察，会发现“轼”和“辙”这两个字都是“车”字旁，字义也相关，所以苏轼和苏辙是兄弟关系。同辈兄弟之间，用同偏旁的字起名在古时可是非常流行的方式哦。而且关于这两个名字，父亲苏洵还特地写过一篇《名二子说》：“轼”就是车前的横木，看似不鲜艳，但是人们靠它才能望得更远，以这个字命名，是希望儿子要做个有内在美，对国家有用的人才。而“辙”指的是轮子长期在地上压过后留下的车道。苏洵希望儿子在为国家做出贡献的同时不会做出违背国家意愿的事情。由此我们可以看出，古人在取名时非常字斟句酌，也会在名字中对子孙后代给予无限的希望。

古文

“自天子以至于庶人，壹是皆以修身为本。”所谓修身，一是修德，二是修智，德才兼备，便是修身的理想结果。本册古文将领着我们“明德”以修身。静心入文，我们会有更多的心得体会。从中我们将寻得一种心境“致中和”，不被“忿懥”、“恐惧”、“好乐”、“忧患”所困扰；懂得一种自律“慎其独也”，能自我约束，“戒慎乎其所不睹，恐惧乎其所不闻”；习得一种品格“行有不得者皆反求诸己”，遇到问题常常反躬自省；获得一种习惯“君子有九思”，一言一行认真思量；发掘人之良知良能“仁义礼智”，不休不辍行之，以此“达之天下也”。

7 大学之道

大学之道，在明明德，在亲民，在止于至善。知止而后有定，定而后能静，静而后能安，安而后能虑，虑而后能得。物有本末，事有终始。知所先后，则近道矣。

注释

① 大学之道：大学的宗旨。

② 知止：知道目标所在。

③ 亲：通“新”。

《大学》节选

大学的宗旨在于发扬人们光明的德行，在于教育人们弃旧图新，在于使人们达到至善的目标。知道应该达到的目标，然后才能有确定的志向。有了确定的志向，然后才能心静。心静然后才能神安，神安然后才能周详地思虑。思虑周详然后才能有所收获。凡事都有本有末，凡事都有始有终，知道事物的先后次序，就接近大道了。

细细品读此文，如聆听长者之教诲，倍感亲切，而又意蕴深长。一气呵成诵之，淋漓酣畅，有言已尽而意犹存之感。“明德”、“亲民”、“止于至善”，这几个词要读得字字清晰而有力。接下来的一句环环相扣而又层层递进，品之，诵之，顺情而读，顺势而下，最后，重音落在“道”上。

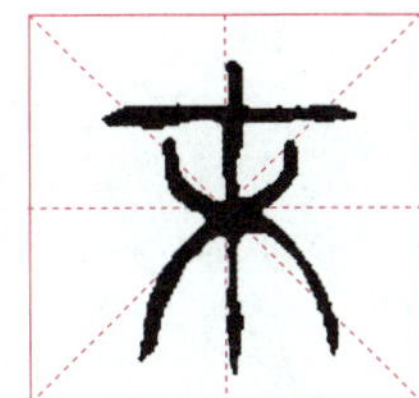
小篆

隶书

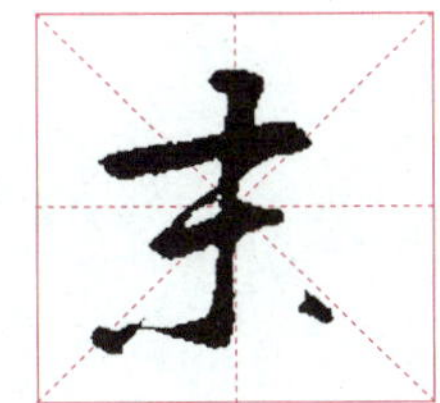
草书

行书

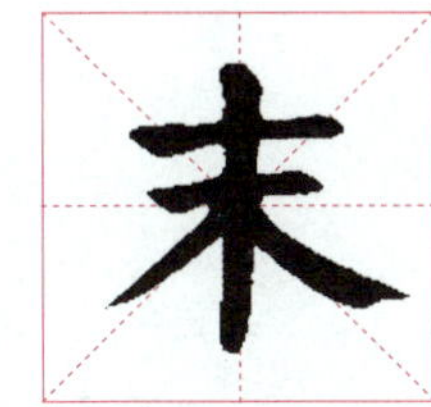
楷书

末：字形像在一棵树的树梢上加上一小横，表示树梢的部位，这也是“末”的本义，后来被引申为物体的“尖端”，也被引申为“不太重要的东西”。

创意空间

1. 我会和小伙伴一起读、说、背、吟、唱、演。互相评一评。（涂红花朵表示）

同伴评一评：  很好  好 须努力

 2. 书写练习：照样子书写下面的文字。

知止而后有定，定而后能静，静而后能安，安而后能虑，虑而后能得。

 3.诗情画意显身手。（我可以涂画、作诗、写对联）

8 务 本

自天子以至于庶人，壹是皆以修身为本。其本乱而末治者否矣。其所厚者薄，而其所薄者厚，未之有也！

注 释

① 壹是：一切。
② 本：根本。
③ 末：相对于本而言，指枝末、枝节。
④ 未之有也：即未有之也。没有这样的道理。

《大学》节选

从天子到平民百姓，一律要以修养自身为根本。这个根本乱了坏了，而派生的枝干末梢却能治好，那是不可能的。对自己关系亲厚的人情意淡薄，而对自己关系淡薄的人却情意浓厚，没有这样的情理。

阅读提示

“以德为本”，人皆可以为尧舜。此文如故事娓娓道来，亲和舒爽而读之，方能读出此中滋味。读至“修身为本”，可一咏三叹，回环往复，有余音绕梁之感，既能增添诵读之情趣，又可强调“修身”之可贵。

汉字寻根

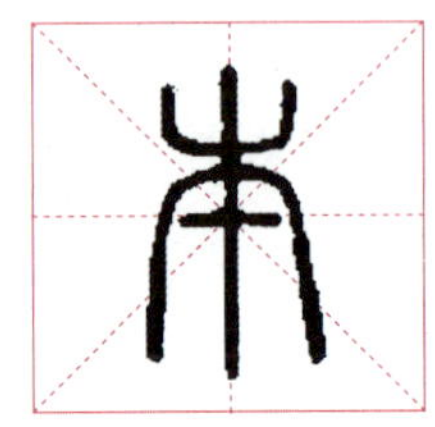
小篆

隶书

草书

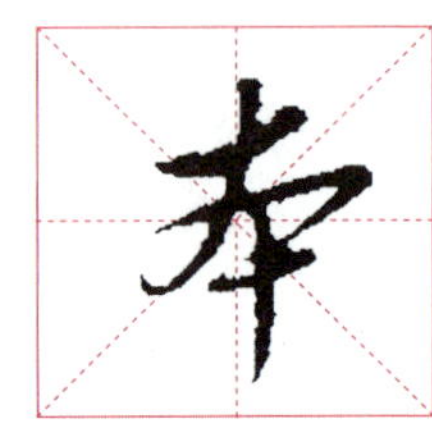
行书

楷书

本：指的是树木的根部。古人从“根本”之义引申，把“基础”的东西都叫做“本”。

创意空间

 1. 我会和小伙伴一起读、说、背、吟、唱、演。互相评一评。（涂红花朵表示）

同伴评一评：  很好  好 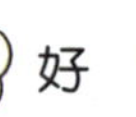 须努力

2. 书写练习：照样子书写下面的文字。

其所厚者薄，而其所薄者厚，未之有也。

3. 诗情画意显身手。（我可以涂画、作诗、写对联）

9 正心

所谓修身在正其心者，身有所忿懥，则不得其正；有所恐惧，则不得其正；有所好乐，则不得其正；有所忧患，则不得其正。心不在焉，视而不见，听而不闻，食而不知其味。此谓修身在正其心。

《大学》节选

注释

① 懥（zhì）：忿怒之意。

② 好乐（yào）：嗜好。

所谓修身在于端正自心，意思是说，自身有所忿怒，心就不能端正；有所恐惧，心就不能端正；有所偏好，心就不能端正；有所忧虑，心就不能端正。被忿怒、恐惧、偏好、忧虑所困扰，导致神不守舍，心不在焉，看也看不明了，听也听不清了，吃着却不知食物的滋味。这说的是修身在于端正自心的道理。

诵读此文，要保持中正平和的心态，读得字正腔圆。前一句强调“忿懥”、“恐惧”、“好乐”、“忧患”，突出心不得其正的原因，后一句强调“心”、“视”、“听”、“食”，指出心不正所带来的后果。此文中的六个“正”字，读出意蕴，以强调“正心”之重要。

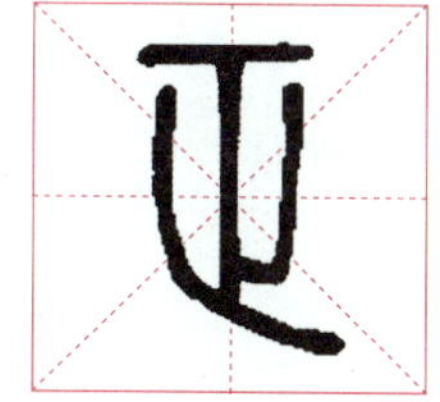				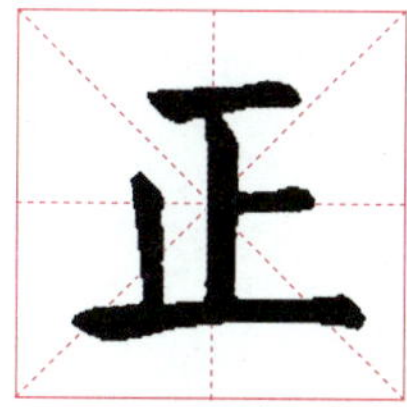
小　篆	隶　书	草　书	行　书	楷　书

正：会意字。双脚正对着城邑前进，这其实是“征”的意思，后来被引申为“正中”、“不偏斜”，又用来表示“主要的”，如“正本”，现在，它还用来表示“正确”、“正规”等很多含义。

创意空间

 1. 我会和小伙伴一起读、说、背、吟、唱、演。互相评一评。（涂红花朵表示）

 同伴评一评：   

2. 书写练习：照样子书写下面的文字。

心不在焉，视而不见，听而不闻，食而不知其味。

3. 诗情画意显身手。（我可以涂画、作诗、写对联）

10 天　道

天命①之谓性，率性②之谓道，修道之谓教。道也者，不可须臾离也，可离非道也。是故君子戒慎乎其所不睹，恐惧乎其所不闻。莫见③乎隐，莫显乎微。故君子慎其独也。

《中庸》节选

注　释

① 天命：天赋。
② 率性：遵循本性，率，遵循，按照。
③ 见："现"的本字，显现。

译　文

天所给予人的气质叫做本性，依照本性去做事叫做道，修行的方法叫做教化。这个道，不能片刻离开我们的身心；如果可以离开，那就不是正道了。所以，君子在没有人看见的地方也是警戒谨慎的，在没有人听见的地方也是有所畏惧的。没有比在不易觉察的地方更容易表现出君子人格了，没有比在细微的事情上更容易显露君子风范的。所以，君子在一个人独处的时候也是谨慎的。

此为《中庸》的首章。初读此文，需将字读准，然后将句读正，最后将段读通顺。发音准确，字正腔圆，方能显出古语中“之乎者也”的妙用。此文可有节奏地诵读，便于记忆。诵读第二句、第三句时要注意句中的停顿。

小 篆	隶 书	草 书	行 书	楷 书

离：会意字。上部为“鸟”，下部是捕鸟的“网”，表示“捕鸟”的意思，引申为“擒获”的意思，后来被假借为“离开”的意思。

创意空间

 1. 我会和小伙伴一起读、说、背、吟、唱、演。互相评一评。（涂红花朵表示）

同伴评一评：  很好  好  须努力

2. 书写练习：照样子书写下面的文字。

是故君子戒慎乎其所不睹，恐惧乎其所不闻。莫见乎隐，莫显乎微。

3. 诗情画意显身手。（我可以涂画、作诗、写对联）

11 中和

喜怒哀乐之未发，谓之中；发而皆中节，谓之和。中也者，天下之大本也；和也者，天下之达道也。致中和，天地位焉，万物育焉。

《中庸》节选

注释

① 中（zhòng）节：符合节度法度。
② 致：达到。

人们喜怒哀乐的感情未曾发生，叫做“中”；表现出来而都合宜，叫做“和”。中是天下的根本，和是天下的普遍规律。达到中和的境界，天地找到了自己的位置，万物便发育成长。

此文承接前文，提出“中和”乃天下之根本也。带着“中和”的心境去诵读，舒缓有致。前两句强调“谓之中”、“谓之和”、“中也者”、“和也者”，读出节奏和韵律。最后一句的诵读既有包容天地万物的大度，又能体现“天地位”、“万物育”的和谐。此时，需要想象画面，需要体态语言。

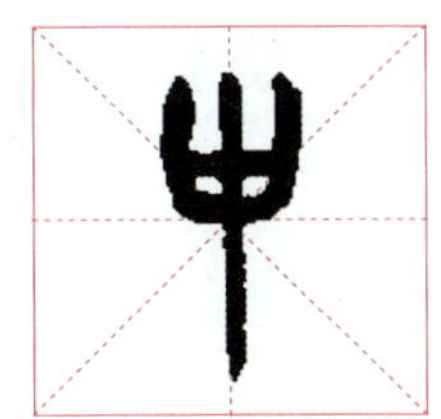	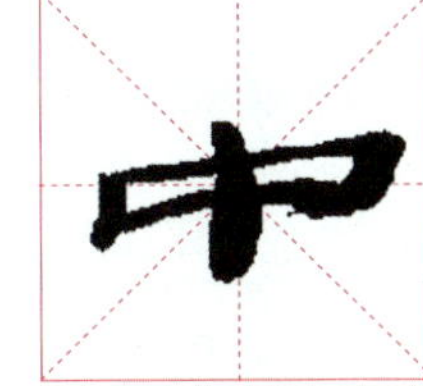	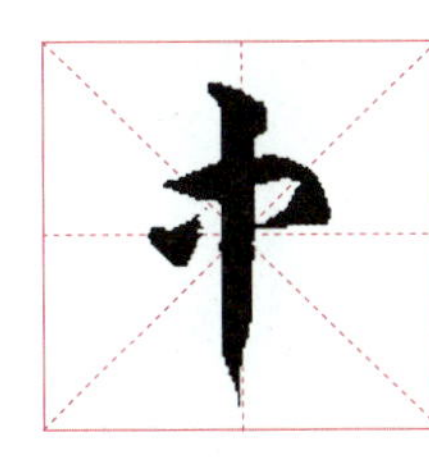	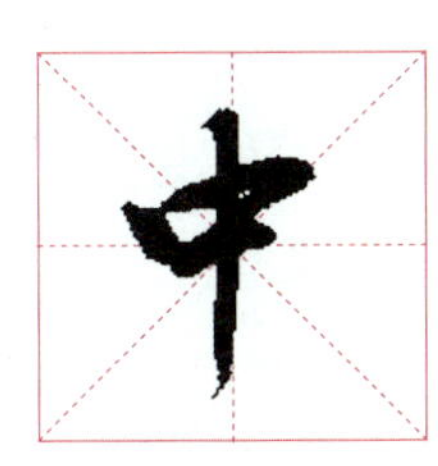	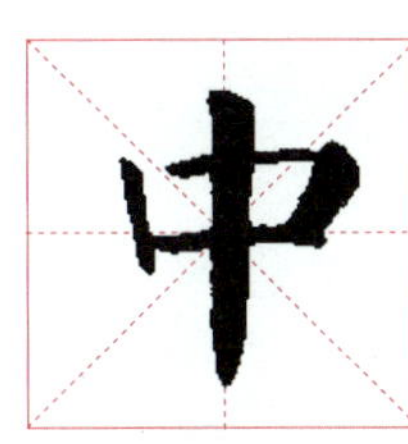
小　篆	隶　书	草　书	行　书	楷　书

中：就是一面旗帜，有弯曲的“旗游”（旗帜上的飘带），“口”表示“中间”的含义，本义就是“里”、“内”，后又引申为“中间”。

创意空间

1. 我会和小伙伴一起读、说、背、吟、唱、演。互相评一评。（涂红花朵表示）

同伴评一评：  很好  好  须努力

2. 书写练习：照样子书写下面的文字。

中也者，天下之大本也；和也者，天下之达道也。

3. 诗情画意显身手。（我可以涂画、作诗、写对联）

12 尽　性

唯天下至诚，为能尽其性；能尽其性，则能尽人之性；能尽人之性，则能尽物之性；能尽物之性，则可以赞天地之化育；可以赞天地之化育，则可以与天地参矣。

《中庸》节选

注　释

① 尽其性：充分发挥本性。

② 参：通“三”，并列。

唯有天下至诚的人，才能发挥自我的本性；能够充分发挥自己的本性，就能够充分发挥人类的本性；能够充分发挥人类的本性，就能够充分发挥万物的本性；能够充分发挥万物的本性，就可以帮助天地培育生命；能帮助天地培育生命，就可以与天地并立为三了。

至诚尽性是《中庸》全篇主旨所在。此文层层相扣，环环相接，诵读时语气舒缓而真诚，把握好长句的停顿，读准、读通、读流畅。扣住“至诚”、“尽其性”、“尽人之性”、“尽物之性”、“赞天地之化育”、“与天地参”几个关键词，就能轻而易举将此文熟记于心。

小 篆

隶 书

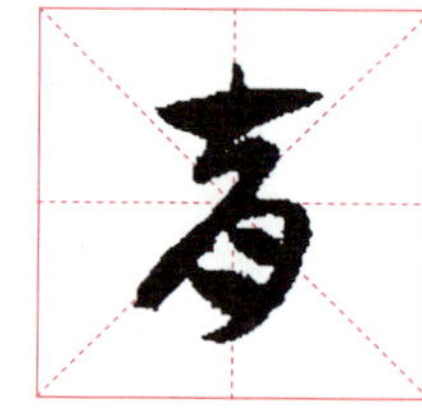
草 书

行 书

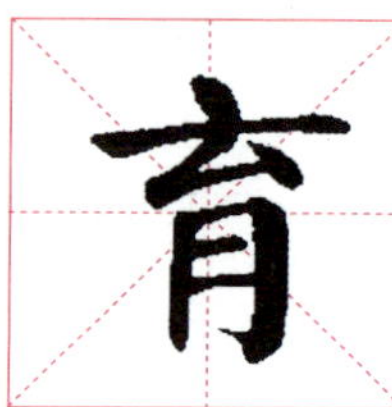
楷 书

育：甲骨文字形像母亲生产的形状，上部是代表产子的妇女，下部是子的倒文，因为分娩时婴儿一般头部先离开母体。在古代，“育”和“毓”是相通的。

创意空间

1. 我会和小伙伴一起读、说、背、吟、唱、演。互相评一评。（涂红花朵表示）

同伴评一评：

很好

好 须努力

2. 书写练习：照样子书写下面的文字。

唯天下至诚，为能尽其性；能尽其性，则能尽人之性……

3. 诗情画意显身手。（我可以涂画、作诗、写对联）

13 反省

孟子曰："爱人不亲，反其仁；治人不治，反其智；礼人不答，反其敬——行有不得者，皆反求诸己，其身正而天下归之。"

注释

① 反求诸己：遇到挫折时，应先反过来从自己身上找出问题的症结。求，寻找。诸，之、于的合音。

《孟子·离娄上》节选

译文

孟子说："我爱别人，可是别人不亲近我，那得反问自己，自己的仁爱还不够吗？我管理别人，可是没管好，那得反问自己，自己的智慧和知识还不够吗？我有礼貌地对待别人，可是得不到相应的回答，那得反问自己，自己的恭敬还不够吗？任何行为如果没得到预期的效果都要反躬自省，自身行为的确端正了，天下的人自然就会归向他。

孟子对人的道德品质修养十分重视，鼓励人们常常反躬自问，不断完善自我。此文前半句从仁、智、礼三个方面强调自省吾身，格式整齐，读起来朗朗上口。后半句的朗读节奏应有别于前半句，读至“天下归之”，语调上扬，意味深长。

小　篆

隶　书

草　书

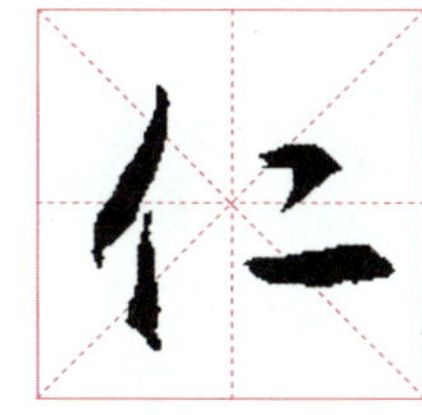
行　书

楷　书

仁：字形从人从二，说明人与人应该相互关心，相互爱护。他的意思就是对人友善、有爱。

创意空间

1. 我会和小伙伴一起读、说、背、吟、唱、演。互相评一评。（涂红花朵表示）

同伴评一评：  很好  好 须努力

2. 书写练习：照样子书写下面的文字。

行有不得者，皆反求诸己，其身正而天下归之。

3. 诗情画意显身手。（我可以涂画、作诗、写对联）

14 良知良能

孟子曰："人之所不学而能者，其良能也；所不虑而知者，其良知也。孩提之童，无不知爱其亲者；及其长也，无不知敬其兄也。亲亲，仁也；敬长，义也。无他，达之天下也。"

《孟子·尽心上》节选

注释

① 良：指本能的，天然的。

② 孩提之童：指两三岁之间的小孩子。

孟子说："人不待学习便能做到的，这是良能；不待思考便会知道的，这是良知。两三岁的小孩儿没有不爱他父母的，等他长大了，没有不知道尊敬兄长的。亲爱父母是仁，尊敬兄长是义，这没有其他原因，因为这两种品德可以通行于天下。"

良能良知是与生俱来，人人皆有的。前两句的诵读，可插入语气词的应和，别有情趣。后一句的诵读，重音在“仁”、“义”，读至“仁也”、“义也”、“达之天下也”，均可反复，以示强调。

		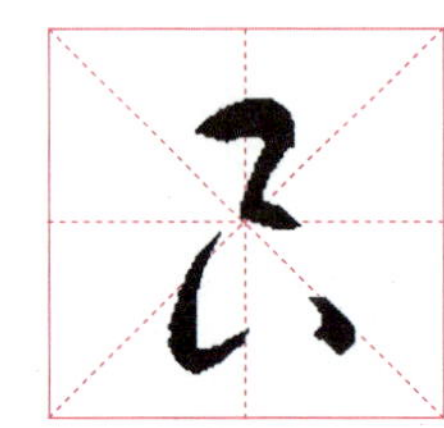		
小 篆	隶 书	草 书	行 书	楷 书

良：象形字。下部的“豆”是装食物的器具，上部的两条线表示食物散发的香气。良的本义就是“香味”，后来被引申为“善”、“好”的意思。

1. 我会和小伙伴一起读、说、背、吟、唱、演。互相评一评。（涂红花朵表示）

同伴评一评： 很好 好 须努力

2. 书写练习：照样子书写下面的文字。

孩提之童，无不知爱其亲者；及其长也，无不知敬其兄也。

3. 诗情画意显身手。（我可以涂画、作诗、写对联）

15 性善

孟子曰：“恻隐之心，人皆有之；羞恶之心，人皆有之；恭敬之心，人皆有之；是非之心，人皆有之。恻隐之心，仁也；羞恶之心，义也；恭敬之心，礼也；是非之心，智也。仁义礼智，非由外铄我也，我固有之也，弗思耳矣。”

《孟子·告子上》节选

注释

① 铄（shuò）：从外到内渐渐熔化。

孟子说：“同情心，每个人都有；羞耻心，每个人都有；恭敬心，每个人都有；是非心，每个人都有。同情心属于仁，羞恶心属于义，恭敬心属于礼，是非心属于智。这仁义礼智，不是由外人给与我的，是我本来就具有的，不过不曾去思考探索它罢了。”

“仁义礼智根于心”，心是仁义礼智之“根”，是其本源。诵读此文前两句可采用对接的形式，突出“恻隐”、“羞恶”、“恭敬”、“是非”、“仁”、“义”、“礼”、“智”等词。后一句的诵读应强调“固有之”，读出坚定不移的语气，以突出孟子对于人性本善的思考。

		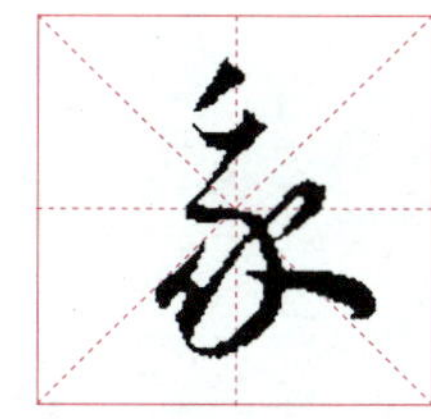		
小　篆	隶　书	草　书	行　书	楷　书

我：本义指锯齿状的锋利兵器，后来被借为第一人称代词，随着历史的发展，它的本义已经完全消失了。

创意空间

 1. 我会和小伙伴一起读、说、背、吟、唱、演。互相评一评。（涂红花朵表示）

 同伴评一评：  很好  好  须努力

2. 书写练习：照样子书写下面的文字。

恻隐之心，仁也；羞恶之心，义也；恭敬之心，礼也；是非之心，智也。

3. 诗情画意显身手。（我可以涂画、作诗、写对联）

16 九　思

孔子曰："君子有九思：视思明，听思聪，色思温，貌思恭，言思忠，事思敬，疑思问，忿思难，见得思义。"

《论语·季氏》

注　释

① 思：思虑，考虑。

② 难：指患难，引申为后果、后患。

孔子说，"君子有九种考虑：看的时候，考虑看明白没有；听的时候，考虑听清楚没有；脸上的颜色，考虑温和么；容貌态度，考虑恭敬么；说的语言考虑忠诚老实么；对待工作严肃认真么；遇到疑问，考虑怎样向人家请教；将发怒了，考虑有什么后患；看见可得的，考虑我是否应该得。"

此文的核心是“思”，从九个方面告诉我们个人道德修养的种种规范。诵读此文，如与圣人对话，当字字入心，娓娓道来之中带几分深沉的思索。亦可抓住“视”、“听”、“色”、“貌”、“言”、“事”、“疑”、“忿”、“得”，采用快板的节奏对诵，既朗朗上口，又便于记忆。

小篆

隶书

草书

行书

楷书

敬：会意字。左边有“口”，也有一双拿着鞭子的手，这是牧羊人在吆喝羊群呢。“敬”的本义是“严肃”，也引申为“尊敬”、“尊重”。

创意空间

1. 我会和小伙伴一起读、说、背、吟、唱、演。互相评一评。（涂红花朵表示）

同伴评一评： 很好  好 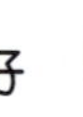 须努力

 2. 书写练习：照样子书写下面的文字。

视思明，听思聪，色思温，貌思恭，言思忠，事思敬，疑思问，忿思难，见得思义。

 3. 诗情画意显身手。（我可以涂画、作诗、写对联）

艺术之母——舞蹈

舞蹈可谓是艺术之母。什么时候出现了舞蹈？最早的舞蹈出现在哪里？这些至今都是个谜。

在远古传说中认为是黄帝创造了歌舞，但舞蹈的产生其实和人们的生活是息息相关的。远古时代，古人在狩猎归来时，习惯于“击石拊石，百兽率舞”，他们发现敲击石块能找到一种节奏，只要有节奏的声音，大家的身体就开始律动起来，虽然没有统一的舞步，但是这样的行为让人很舒服，甚至可以缓解情绪，愉悦心情。渐渐地，舞蹈在人民的心目中不断地成型，成熟了。

舞蹈纹彩陶盆

图腾是民族共同的标志。原始民族的人们认为舞蹈和图腾有着很密切的关系。因为在各种大典或祭祀场合，人们都会对着图腾起舞，也有人习惯模仿图腾的形状，进行舞蹈的创作和编排，并且边起舞边唱起歌来。舞蹈时人们所

丸剑乐舞宴饮图

唱的歌曲也是配着图腾而来的，如彝族以“虎”为图腾，人们在翩翩起舞时嘴里还会念着“罗哩罗，罗哩罗”意即“虎啊虎，虎啊虎”。

飞天

“飞天”已是我们耳熟能详的词语了，在古代有“敦煌飞天”之说。这个“飞天”由古印度的乾闼婆（天歌神）和紧那罗（天乐神）演变而来。在传说里，天歌神喜好乐曲，天乐神则喜欢舞曲，他们是一对眉清目秀、姿态优美的夫妻，佛教认为他们代表了美好的事物，就把他们收藏起来了。

除了飞天，在敦煌壁画中，我们还能看到很多和舞蹈有关的图画。敦煌舞正是以石窟壁画舞姿为依托的一种舞蹈。敦煌舞有着别具一格的风采：它既不长翅膀，也不生羽毛，云彩般而非云彩，主要是通过飘曳的衣裙、飞舞的彩带来展示空中飞翔的美，可以说是中国最独特的艺术创作之一。

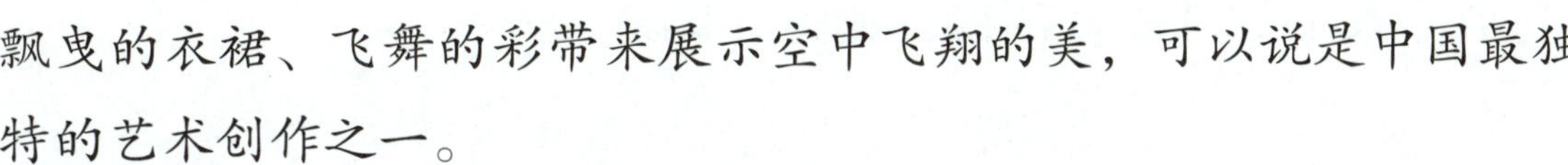

现在，舞蹈不仅是一种观赏性的艺术品，更是一项有益身心健康的活动，广场舞、交谊舞等舞蹈老少皆宜，如此生活化足以看出舞蹈的魅力。

声律

通过前几册的学习，我们知道韵文中涉及大量的天文、地理、历史和文化等诸多方面的知识，所以我们在掌握其格律技巧的同时，更应该拓宽眼界，大量阅读。并在学习中继续尝试自己编写小韵文或顺口溜，进行对联和韵文创作。通过老师的引导和积极参加课堂内外活动来充分展示我们的才能，期待你的佳作呦。

17 声律启蒙·七虞（节选）

贤对圣，智对愚。傅粉对施朱。名缰对利锁，挈榼对提壶。

鸠哺子，燕调雏。石帐对郇厨。烟轻笼岸柳，风急撼庭梧。

鹳眼一方端石砚，龙涎三炷博山炉。曲沼鱼多，可使渔人结网；平田兔少，漫劳耕者守株。

注　释

① 挈(qiè)榼(kē)：拿着酒杯。

② 调：训练。

守株待兔

宋国有一个农夫，每天在田地里劳动。一天，他正在地里干活，突然一只野兔窜出来撞在树桩上，折断脖子死了。农夫便放下手中的农活，走过去捡起死兔子，他非常庆幸自己的好运气。他想："这倒真是一件美事，如果天天在这树下等，那岂不是天天都能捡到兔子？以后再也不用辛辛苦苦种地了。"后来，农夫每天就这样守在树桩边，希望再捡到兔子，然而他没有再得到，而农田里的禾苗也枯萎了。

本篇声韵协调，单字到多字的层层属对，读起来，如唱歌一般。儿歌中蕴含着节奏美和词语的人文内涵。朗读中，体悟韵文的美。

 1. 我会和小伙伴一起读、说、背、吟、唱、演。互相评一评。（涂红花朵表示）

 同伴评一评：  很好  好  须努力

 2. 书写练习：照样子书写下面的文字。

鹏眼一方端石砚，龙涎三炷博山炉。

曲沼鱼多，可使渔人结网；

平田兔少，漫劳耕者守株。

3. 诗情画意显身手。（我可以涂画、作诗、写对联）

18 声律启蒙·八齐（节选）

岩对岫，涧对溪，远岸对危堤。鹤长对凫短，水雁对山鸡。

星拱北，月流西，汉露对汤霓。桃林牛已放，虞坂马长嘶。

叔侄去官闻广受，弟兄让国有夷齐。三月春浓，芍药丛中蝴蝶舞；五更天晓，海棠枝上子规啼。

注释

① 岫（xiù）：山峰或山洞。
② 危：高。
③ 鹤长：长腿的白鹤。
④ 凫短：短腿的野鸭。
⑤ 北：北斗星。
⑥ 子规：杜鹃鸟。

夷齐让国

伯夷和叔齐是孤竹君的儿子。伯夷是大哥，叔齐是三弟。孤竹君在世的时候，想让叔齐继承君位。他死后，叔齐认为应该由长子继承，因此要让位给伯夷。伯夷认为应该尊重父亲的遗愿，不肯接受，就逃走了。叔齐不愿做君主，也逃走了。

“岩岫”、“涧溪”、“远岸”、“危堤”，一组与景色风物有关的词句，舒缓而抒情。男女声可分部诵读，先慢渐快。后部分的春浓蝴蝶舞，天晓子规啼，更是抒发对春天美好景致的赞美之情，雀跃欢快。

1. 我会和小伙伴一起读、说、背、吟、唱、演。互相评一评。（涂红花朵表示）

同伴评一评： 很好  好  须努力

2. 书写练习：照样子书写下面的文字。

叔侄去官闻广受，弟兄让国有夷齐。

三月春浓，芍药丛中蝴蝶舞；

五更天晓，海棠枝上子规啼。

3. 诗情画意显身手。（我可以涂画、作诗、写对联）

19 声律启蒙·九佳（节选）

河对海，汉对淮，赤岸对朱崖。鹭飞对鱼跃，宝钿对金钗。

鱼圉圉，鸟喈喈，草履对芒鞋。古贤崇笃厚，时辈喜诙谐。

孟训文公谈性善，颜师孔子问心斋。缓抚琴弦，像流莺而并语；斜排筝柱，类过雁之相挨。

注 释

① 圉圉（yǔ）：局促不舒展的样子。

② 喈喈（jiē）：象声词，禽鸟的鸣叫声。

③ 笃厚：忠厚之道。

④ 诙谐：谈话富于风趣。

⑤ 心斋：排除一切欲念，保持心境的纯洁。

孟子谈性善

孟子是我国伟大的思想家，他认为：同情之心属仁，羞耻之心属义，恭敬之心属礼，是非之心属智，这些是与生具有的，因此人性从生下来就是善的。人本来具备的善性，需要后天去领悟。积极地求索，就能获得，甚至发挥自己的潜质；如果放弃求索自己的善性，这个人的能力与德行就会降低，甚至蒙钝。

有山有水，有鱼有鸟，飞对跃，圉圉对喈喈，画面形象生动，读来朗朗上口。由自然人文展开联想，抚琴，排筝，天籁之音像潮水渐退，直至曲终人散，意犹未尽。读时声调和谐、节奏明快。

1. 我会和小伙伴一起读、说、背、吟、唱、演。互相评一评。（涂红花朵表示）

同伴评一评：  很好  好  须努力

2. 书写练习：照样子书写下面的文字。

河对海，汉对淮，赤岸对朱崖。

鹭飞对鱼跃，宝钿对金钗。

古贤崇笃厚，时辈喜诙谐。

3. 诗情画意显身手。（我可以涂画、作诗、写对联）

20 声律启蒙·十灰（节选）

增对损，闭对开，碧草对苍苔。书签对笔架，两曜对三台。

周召虎，宋桓魋，阆苑对蓬莱。薰风生殿阁，皓月照楼台。

却马汉文思罢献，吞蝗唐太冀移灾。照耀八荒，赫赫丽天秋日；震惊百里，轰轰出地春雷。

注释

① 两曜（yào）：日月。

② 三台：星名。

③ 桓魋（tuí）：宋国司马。

唐太宗吞蝗虫

贞观二年，京师大旱，蝗虫四起。唐太宗看到有蝗虫在禾苗上面，便捡了几枚蝗虫卵念念有辞：“粮食是百姓的身家性命，而你吃了它，是害了百姓，百姓有罪，那些罪过全部在我，你如果真的有灵的话，你就吃我的心吧。”说着便要将虫卵吞下去。边上的人谏道：“不能吃啊！吃了可能要生病的！”太宗说道：“我正希望它把给百姓的灾难移给我一个人！又怎么会因为害怕生病而不做了？”说完马上就把它吞了。

此中包含天文、人物、器物等的虚实应对。此外，还有神话传说和历史故事以及常见的典故。诵读时可低徊、可高昂，尤其末句“照八荒”、“震百里”，气势雄壮，读来掷地有声。

1. 我会和小伙伴一起读、说、背、吟、唱、演。互相评一评。（涂红花朵表示）

同伴评一评：很好 好 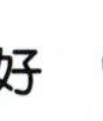须努力

2. 书写练习：照样子书写下面的文字。

薰风生殿阁，皓月照楼台。

照耀八荒，赫赫丽天秋日；

震惊百里，轰轰出地春雷。

3. 诗情画意显身手。（我可以涂画、作诗、写对联）

无与伦比话对联

总把新桃换旧符

古时候，为了驱除鬼邪，人们在桃木板上写上吉祥祝福的话挂在门口，这就是“桃符”。后来，这些祝福的话渐渐有了一定的套路，开始讲究对仗，这是对联的雏形。对联是中华民族的国粹，是我国人民极为喜好、推崇的一种艺术形式，也是我国特有的传统文化瑰宝。字数对称，对偶工整，平仄相协，堪称“国宝”。

春联是一种特殊的对联。春节来临，家家户户张罗着写春联、贴春联，是千百年来流传下来的象征吉祥、表达人们向往美好生活的民族风俗。五代十国时期，后蜀孟昶（chǎng）的桃符题词：“新年纳余庆，嘉节号长春。”是我们所知道的最早的春联。

纪晓岚妙对乾隆

相传乾隆皇帝曾在宴请群臣是突然诗兴大发，对着一位足有141岁的长者出了这样的一副上联：“花甲重逢，增加三七岁月。”“花甲”重逢，就是两个60岁，加上21岁，加起来刚好141岁。大臣纪晓岚胸有成竹地对出了下联：“古稀双庆，更多一度春秋。”双庆古稀，就是两个70岁，刚好140岁，再加上1岁，也是141岁。关于这样妙对的对联故事，在历史上还真是数不胜数。

（清）乾　隆

一起来学贴对联

贴对联也是有学问的，我们以春联为例，来说明张贴对联的正确做法吧。一副对联在手，首先我们要学会区分上联和下联。古人写对联注重“仄起平收”，就是上联的最后一个字，必须是仄声，下联的最后一个字，必须是平声。在贴的时候，我们要面对大门，将上联贴在右侧，下联贴在左侧。

例如：

生意兴隆通四海（右），财源茂盛达三江（左）。

爆竹声中辞旧岁（右），梅花香里报新春（左）。

贴对联是为了图个喜庆，春节时，用你学到的知识，试试给家里贴春联吧！

附录：亲子共读

我能将这段诗文的大意或典故讲给家长听。（涂红花朵表示）

第1课　家长评一评：很好　好　须努力

第2课　家长评一评：很好　好　须努力

第3课　家长评一评：很好　好　须努力

第4课　家长评一评：很好　好　须努力

第5课　家长评一评：很好　好　须努力

第6课　家长评一评：很好　好　须努力

第7课　家长评一评：很好　好　须努力

第8课　家长评一评：很好　好　须努力

第9课　家长评一评：很好　好　须努力

第10课　家长评一评：很好　好　须努力

第11课　家长评一评：很好　好　须努力

第12课　家长评一评：很好　好　须努力

第13课　家长评一评：很好　好　须努力

第14课　家长评一评：很好　好　须努力

第15课　家长评一评：很好　好　须努力

第16课　家长评一评：很好　好　须努力

第17课　家长评一评：很好　好　须努力

第18课　家长评一评：很好　好　须努力

第19课　家长评一评：很好　好　须努力

第20课　家长评一评：很好　好　须努力

图书在版编目(CIP)数据

中华国学课本.第6册/张庆华主编.—北京:中华书局,2014.3
(中华诵·经典素读教程系列)
ISBN 978-7-101-09928-7

Ⅰ.中… Ⅱ.张… Ⅲ.中华文化-小学-教学参考资料
Ⅳ.G624.233

中国版本图书馆CIP数据核字(2014)第000116号

书　　名　中华国学课本　第六册
主　　编　张庆华
丛 书 名　中华诵·经典素读教程系列
责任编辑　祝安顺　白爱虎
出版发行　中华书局
(北京市丰台区太平桥西里38号　100073)
http://www.zhbc.com.cn
E-mail:zhbc@zhbc.com.cn
印　　刷　北京瑞古冠中印刷厂
版　　次　2014年3月北京第1版
2014年3月北京第1次印刷
规　　格　开本/889×1194毫米　1/16
印张5　字数12千字
印　　数　1-5000册
国际书号　ISBN 978-7-101-09928-7
定　　价　18.00元